AF590084

LE GÉNÉRAL DE DIVISION LEVENEUR, A SES CONCITOYENS.

NOTES

Relatives aux trahisons de Dumouriez ; *et à mon évasion de l'Armée.*

Rouen, ce 10 Avril 1793, l'an 2e de la République.

LE 30 mars, au soir, étant au bourg d'*Antoing*, qui étoit à la droite du camp de *Fontenoy*, que je commandais, je reçus l'ordre du général Valens de me rendre à Tournai pour lui parler. Je le croyais à Paris. C'était la première fois que je le voyais depuis sa blessure du 18, que je croyais beaucoup plus grave. Je le trouvai guéri. Il était à Tournai depuis plusieurs jours. Il me dit : » enfin je parviens d'aujourd'hui à séparer l'armée des Ardennes de celle de Dumouriez. J'étais bien » las de ce mélange ; on me prenait tout, 30 Mars

» ajouta-t-il : enfin nous allons n'avoir » plus rien de commun. Voilà la Marliere » que je viens de faire chef de mon état-» major. Vous vous concerterez avec lui » pour reformer l'armée des Ardennes, le » plus promptement possible, au camp de » Maulde, que nous allons occuper demain. » Trouvez-moi un logement près du camp. » Je reprends demain le commandement » de l'armée. » ----Je lui réitérai en cet instant la demande que je lui faisais depuis long-temps de me donner le commandement d'une des villes frontières de sa division, pour y prendre un peu de repos, dont j'avais un besoin indispensable. Il s'y refusa pour l'instant, en me disant que, sous peu de jours, quand l'armée des Ardennes filerait sur Givet, il m'enverrait dans une place de ce côté ; vraisemblablement à Mont-Médi.

Il n'était pas, ou les apparences sont trompeuses, encore coalisé ce jour-là avec Dumouriez. J'ai tout lieu de croire que ce grand changement ne se fit que le lendemain, jour de Pâques.

31 Mars. Le 31, jour de Pâques, la plus grande partie des troupes françaises rentra sur

le territoire français. Dumouriez et Valens resterent à Tournai et y coucherent. La renommée a dit qu'ils mangerent ce jour-là avec les généraux Autrichiens.

Le lendemain, 1er avril, l'armée du Nord passa par le camp de *Maulde*, que j'occupais, pour se rendre au camp de *Bruille*, qui lui était destiné. Dumouriez marchait avec ses troupes. Il demande ma demeure. J'étais dans une cense à la droite du camp. Je ne l'avais pas vu depuis le 22 Mars. Il descendit chez moi; plusieurs officiers-généraux de l'armée des Ardennes étaient chez moi en ce moment. Il s'assit familièrement, déjeûna, causa, et dit en causant, mais d'une manière fort légère, qu'il fallait absolument sauver la France; que l'anarchie était prêt à tout dévorer; qu'il n'y avait pour cela que la constitution de 1789. On croyait qu'il rêvait. Il ajouta qu'il venait de conclure avec...... adjudant-général du prince Cobourg, la capitulation des garnisons de Breda, Anvers et Gertrudemberg, et que n'ayant personne à y envoyer, c'était l'adjudant-général Autrichien lui-même qu'il avait chargé de leur porter l'ordre 1er Avril.

d'évacuer. Il voulait que nous applaudissions à ce tour comme à un chef-d'œuvre d'adresse et de politique. Cela ne nous parut que bizarre.--- Valens entra comme il achevait cette conversation. Je vis qu'ils s'étaient donné rendez-vous chez moi, et qu'ils étaient pour-lors parfaitement d'accord. « Vous allez, dit Dumouriez à
» Valens, vous établir à S. Amand; moi,
» je vais à S. Amand-les-Boues. Je me
» place là dans un hermitage isolé au mi-
» lieu d'un bois; je n'aurai qu'un escadron
» de hussards avec moi, et là je pourrai
» *y travailler à mon aise* » Ces expressions étaient alors des énigmes pour nous. Nous les avons comprises depuis. Valens y répondit avec l'air de l'intelligence. Ils sortirent en causant ensemble d'une manière très-particulière, et je fus frappé dès-lors d'une union que je n'avais jamais vue entr'eux.

Ce fut le soir de ce jour qu'eut lieu l'arrestation des commissaires et du ministre de la guerre, et qu'on les envoya à Tournai. La voix publique nous apporta cette nouvelle, que nous ne voulions pas croire, sur-tout l'envoi à Tournai, qui, en nous donnant lieu de croire que Dumouriez s'entendait avec l'ennemi, nous paraissait incroyable. Aussi restâmes-nous jusqu'au lendemain incrédules sur ce dernier point.

Le lendemain, dès le matin, fut envoyée à l'état-major de l'armée du Nord la première proclamation de Dumouriez, qui annonçait l'arrestation des commissaires; mais sans parler du lieu où ils avaient été conduits. Elle fut apportée par un adjudant de Dumouriez à l'adjudant-général Desbrulys, qui faisait en ce moment auprès de moi les fonctions de chef de l'état-major de l'armée des Ardennes, pour la faire distribuer aux troupes. Nous convînmes, lui et moi, de n'en pas faire usage, vu que cela n'était pas porté sur l'ordre du jour, que nous n'avions pas encore reçu. Dans la matinée Valens vint me voir : il me demanda si la proclamation avait été envoyée aux troupes; je lui dis que non. Il m'ordonna de la leur envoyer. Je lui dis que cela ne me regardoit pas, mais Desbrulys, comme chef de l'état-major en ce moment. Il l'appella et lui ordonna de l'envoyer. Celui-ci lui en demanda l'ordre par écrit;

2 Avril.

il répondit que les deux armées n'en faisant plus qu'une jusqu'à nouvel ordre, il devait suffire de l'ordre de Dumouriez porté par un adjudant-général ; que c'était chicaner sur les mots que de ne pas regarder cela comme un ordre ; qu'il fallait la publier absolument ; que c'était le seul moyen de nous tirer de l'anarchie. Enfin il donna l'ordre positif, mais verbal, de l'envoyer. Cet ordre ne fut pas exécuté par Desbrulys. Valens partit ; mais deux heures après l'ordre par écrit de Dumouriez étant arrivé de faire cet envoi aux troupes, Desbrulys, forcé dans ses retranchemens, l'exécuta dans l'après-midi.

Aussi-tôt que Valens fut parti, voyant combien les circonstances devenaient difficiles, je lui écrivis la lettre la plus forte pour lui réitérer la demande que je lui avais faite nombre de fois de m'envoyer à Mont-Médy, ou dans une autre ville de son commandement où je pourrais réparer ma santé, reprendre des forces et être encore utile à ma patrie. J'eus dans l'après-midi réponse à cette lettre. La réponse fait assez connaître combien j'étais mécontent d'être sous ses ordres, et l'envie qu'il avait de me garder.

Dans l'après-midi de ce même jour, Valens m'envoya un adjudant-général pour me dire de me rendre à l'instant à Saint-Amand, où je prendrais le général Lamarliere, avec lequel je me rendrais aux Boues-Saint-Amand, où je trouverais lui et Dumouriez qui voulait absolument causer avec moi. J'engageai l'adjudant-général à me laisser une lettre explicative de sa mission, et à rapporter qu'il ne m'avait pas trouvé chez moi, parce que j'étais monté à cheval, ce que je fis sur le champ et ne rentrai qu'à la nuit. J'écrivis à Valens qu'il étoit trop tard pour me rendre à Saint-Amand. Il me répondit, dans la nuit, qu'il m'attendait, sans faute, le lendemain 3, chez lui, à sept heures et demie du matin, pour aller ensemble chez Dumouriez, qui partait pour Valenciennes à neuf heures, et qui voulait absolument causer avec moi auparavant.

Le lendemain 3 Avril, à six heures du matin, je répondis à Valens qu'une incommodité qui m'était survenue pendant la nuit me mettait dans l'impossibilité de 3 Avil.

sortir : cela n'était pas vrai, mais je ne voulais pas voir Dumouriez.

Vers 8 heures, Valens m'envoya son aide-de-camp me dire qu'il allait venir au camp de Maulde avec Dumouriez, voir les troupes et leur parler, & qu'il falloit que je m'y rendîsse. Je répondis qu'il devait savoir, par ma lettre du matin, que je ne pouvais sortir. Ordre itératif, une heure après, de m'y rendre ; même réponse.

Je venais d'apprendre dans l'intervalle bien des détails ; Dumouriez avait vu la veille, dans l'après-midi, toute l'armée du Nord, avait fait part aux troupes de ses vues : elles paraissaient les avoir adoptées avec enthousiasme. Il y avait eu le soir, à Saint-Amant, un grand souper, où Dumouriez, Valens, Égalité, sa sœur, madame Sillery, une autre jeune personne s'étaient trouvées. Il y avait eu là un grand rassemblement d'officiers. Là, la dame Sillery et les généraux avaient parlé et exhorté les officiers à soutenir Dumouriez dans le projet qu'il avait de rétablir la constitution de 1789, de marcher sur Paris, de rétablir le trône, &c., leur disant que c'était le seul moyen de sauver l'armée & la France ;

livrée à l'anarchie. La dame Sillery y avait déployé toute son éloquence.

J'avais appris en outre que des individus qui avaient parlé chez moi avec assez de liberté contre les premières démarches de Dumouriez, avaient été par lui mandés et menacés d'être arrêtés, tels que l'aide-de-camp Becker; que d'autres l'avaient été réellement; que l'armée du Nord avait adopté la proclamation de Dumouriez, &c.

Voyant pour lors le danger de ma position, le péril extrême qu'il y avait à énoncer son opinion; résolu, d'un autre côté, de ne pas servir sous des traîtres, je fis partir mon aide-de-camp Hoche, avec une lettre pour la Convention. Cette lettre a été insérée dans les papiers publics; & comme, pendant que j'écrivais, les nouvelles des actes despotiques & inquisitionels de Dumouriez se multipliaient, j'y ajoutai le *P. S.* qui annonçait mon évasion comme prochaine.

Enfin, vers les dix ou onze heures, Dumouriez, au lieu d'aller à Valenciennes, comme Valens me l'avait écrit le matin, vint au camp de Maulde pour haranguer l'armée des Ardennes. Je reçus un troisième ordre de me rendre auprès de lui ; j'y fis la même réponse qu'aux deux précédents, que je ne pouvais sortir. Il était accompagné d'une escorte nombreuse, et d'une grande quantité d'officiers d'état-major. Valens et Égalité étaient avec lui : ils passerent quatre heures au camp. Là tout ce que l'art de l'éloquence et de la séduction peut fournir fut employé par les généraux Dumouriez et Valens pour gagner les troupes. Ils haranguerent tous les bataillons les uns après les autres, les excitant contre la Convention nationale et le gouvernement actuel ; leur attribuant la misère des troupes, promettant aux soldats la paix et le repos dans deux mois, s'ils se laissaient conduire ; leur promettant, en marchant sur Paris, que dans cet espace de temps ils auraient des loix, la constitution qu'ils avaient jurée, et le bonheur. Ils leur montraient Égalité, et le décret d'arrestation lâché contre lui, disant qu'on voulait faire de la France une Bastille, et de leurs généraux une boucherie. Valens s'y fit remarquer par la chaleur et les moyens de toute espece qu'il employait. Il carressait les soldats, leur prenait la main, les excitait de toutes les manières. Quelques bataillons demandèrent des explications : on les leur donna ; ils les trouverent bonnes, et le résultat fut des applaudissemens réitérés pour Dumouriez, et la promesse de le suivre par-tout.

Ce fut pendant cette scène que l'adjudant-général d'Auvers, excellent citoyen, attaché à ma personne, menacé d'être arrêté par Dumouriez, pour propos qu'il avait tenu chez moi contre ce général, trouva le moyen de s'échapper. Je crains bien qu'il n'ait été ratrappé.

Il était près de cinq heures quand ces généraux quitterent le camp ; aucun d'eux ne me vint voir, quoiqu'ils fussent très-proche de moi, et que j'eusse annoncé que j'étais malade : ce qui augmenta mes inquiétudes. L'évasion de d'Auvers, dont on savoit les liaisons avec moi, y ajoutait encore. Je sus de plus que Dumouriez s'était plaint de mon absence, et avait dit qu'il était étonnant que je ne me fusse pas prononcé.

Je jugeai qu'il devenait urgent de partir, mais qu'il était nécessaire d'user d'adresse.

En conséquence, le soir de ce même jour 3, j'écrivis à Dumouriez que ma santé étant extrêmement dérangée, étant horriblement fatigué du genre de vie que je menais depuis six semaines, et ma présence n'étant pas fort nécessaire à l'armée, vu la suspension d'armes qu'il avait conclue avec les Autrichiens, et qu'il avait mise le matin à l'ordre, je le priais de me permettre d'aller me reposer quelques jours à Valenciennes.

Il me répondit, dans la nuit, qu'il ne pouvait me donner de permission pour Valenciennes, que j'y serais arrêté par les scélérats qui voulaient ma tête, ainsi que celle de tous les généraux ; qu'il m'aimait trop pour cela, et qu'il me demandait avec instance de venir passer, le lendemain au matin, un quart-d'heure avec lui, que cela était absolument nécessaire.

Cette même nuit on vint, de sa part, arrêter, dans ma maison, un de mes secrétaires, accusé d'avoir parlé contre ses projets. Un autre secrétaire à moi l'avait été également, le même soir, pour le même motif, à Saint-Amand. Celui-ci plus heureux que l'autre s'échappa de la prison, et trouva le lendemain le moyen de me rejoindre et de s'évader avec moi.

Je n'appris ces détails que le lendemain 4 Avril. matin 4 Avril, vers cinq heures, par le lieutenant de la gendarmerie nationale, exécuteur de ces actes de despotisme. Il entra chez moi; m'apprit ce qu'il avait fait la nuit, et me dit qu'il serait venu prendre mes ordres, s'il n'avait pas appris que j'allais partir pour Valenciennes. Je lui fis observer qu'il était étonnant qu'il eût aussi arrêté mon secrétaire, dans la chambre à côté de moi, sans m'en prévenir; il m'allégua les ordres du général.

Toute sa conversation semblait dire: « on sait tout ce que vous dites et tout ce » que vous faites; vous-même, prenez » garde à vous. » Je m'étais lâché la veille, en dînant, assez publiquement contre la trahison de Dumouriez, par impatience contre un deses partisans. Je sentais que le danger devenait pressant, que j'étais observé, et qu'il fallait de nécessité aller chez Dumouriez, comme il me l'avait ordonné. Je m'y rendis, vers les sept heures du matin, avec un aide-de-camp.

Je le trouvai, avec Egalité et un autre officier, dans sa chambre ; il les fit retirer, et voulut avoir une conversation seul à seul avec moi.

Il me déploya son plan et ses projets. Tout ce qu'il me dit à cet égard est contenu, à peu près, dans sa proclamation imprimée en quatre pages. Je le laissai dire. Ensuite, résumant sa conduite, je lui prouvai qu'il n'était et ne pouvait passer que pour un traître ; que l'envoi des commissaires à l'ennemi ne pourrait jamais être regardé comme un coup de tête, mais comme la suite d'un complot antérieur ; que j'étais résolu de n'y pas participer ; qu'il devait connoître ma façon de penser ; et qu'il ne m'y déterminerait jamais. Enfin, je lui ajoutai : « je suis venu ici pour » parler, non à un chef de parti, mais à » un homme que je veux croire sensible. » J'ai une femme et des enfans que je ne » souffrirai jamais qui passent pour appartenir à un traître. Je veux vous estimer encore assez pour vous demander à » vous même de me fournir un moyen sûr

» de m'en aller. » Cette vive apostrophe parut le toucher. Il me dit : « eh bien, à » la bonne heure, je vois que vous êtes » un homme vertueux ; je ne veux point » gêner les opinions, vous n'avez qu'à » m'écrire et me demander une permis- » sion pour vous aller reposer à Cambrai. » Vous irez par Marchiennes et Bouchain ; » vous n'y serez pas arrêté par ces scélé- » rats ; mais si vous allez du côté de Va- » lenciennes, c'est moi qui vous ferai ar- » rêter. Comptez sur ma parole, retournez » chez vous, et écrivez-moi. »

Je retournai, en effet, chez moi, et j'écrivis. Je regardais, en ce moment, mon départ comme d'autant plus pressé, que Valens ayant été envoyé, ce matin-là même, aux Autrichiens, par Dumouriez, pour leurs affaires, je reçus, en rentrant chez moi, l'ordre du premier de prendre, en son absence et jusqu'à son retour, le commandement de l'armée des Ardennes, sous les ordres de Dumouriez. Sous ce nouveau rapport je devenais encore plus coupable en restant plus long-temps.

J'écrivis donc, mais ma lettre était à peine partie pour Saint-Amand, où Dumouriez était venu s'établir, que le citoyen Virion, commandant en chef la gendarmerie nationale, vint m'arrêter chez moi, de la part de ce général, m'ordonnant, de sa part de me rendre à Tournai, comme étant le seul endroit où il pût me permettre d'aller, devant la regarder comme une ville neutre. Il ajouta qu'il était indigné que j'eusse manqué à ma promesse; que mes équipages filaient sur Valenciennes; qu'il avait envoyé les arrêter, et qu'il me les ferait conduire à Tournai; qu'au surplus, il avait ordre de me conduire sur le champ au général.

Cette perfidie, sans m'étonner, me révolta, d'autant plus que je n'avais manqué à rien, mes équipages étaient encore chez moi. Je les fis voir à Virion, qui fut surpris. Je profitai de son étonnement pour lui dire que je n'irais point chez le général; mais que j'allais y envoyer mon aide-de-camp, lui dire qu'on l'avait trompé, et que mes équipages n'étaient partis encore ni pour Valenciennes, ni pour aucun autre endroit; que mon intention n'était pas d'aller à Valenciennes, mais de suivre la direction qu'il m'avait indiquée. Mon aide-de-camp partit en effet. Pendant ce temps Virion resta, me gardant à vue. Je connaissais son honnêteté; et j'aimais mieux rester avec lui qu'entre les pattes de Dumouriez. Celui-ci répondit à mon aide-de-camp qu'il fallait qu'on l'eût trompé; mais qu'au surplus il était nécessaire que j'allasse à Tournai, et non ailleurs. Cette réponse me fut rapporté. Je feignis d'y adhérer pour que Virion crut sa mission finie : ce qu'il crut en effet, ou feignit de le croire, et partit sur le champ, me laissant libre.

Mon aide-de-camp m'ayant, en même-temps, rapporté qu'il avait laissé Dumouriez montant à cheval, d'une manière triomphante, pour aller à Condé, je crus pouvoir profiter de cette circonstance pour partir, en suivant la route de Marchiennes d'abord, telle qu'il me l'avait indiquée, sauf à en prendre une autre ensuite, mais je me résolus en même-temps de ne pas prendre celle de Valenciennes, où j'étais sûr d'être arrêté.

Je savais que Valens était parti, ce matin-là même, par ordre de Domouriez, pour aller trouver le prince Cobourg.

L'ordre officiel reçu de lui, de prendre, sous les ordres de Dumouriez, le commandement de l'armée des Ardennes, jusqu'à son retour, me mettait à même de m'en prévaloir. Je profitai de toutes ces circonstances pour mon évasion. Je pris une forte escorte avec moi, à laquelle j'eus soin d'ajouter des gendarmes nationaux, parce que, sachant que différents chemins étaient gardés par des gendarmes nationaux, postés par Dumouriez, pour arrêter les émigrans de l'armée, j'espérais que ceux-ci, étant avec moi, me serviraient de sauve-garde.

Je dis, en partant, que Valens étant absent, j'allais occuper, jusqu'à son retour, son logement au quartier-général, établi au bourg de Celles : ce qui était très-vraisemblable. J'y allai, en effet ; je parlai aux officiers de l'état-major, auxquels je dis qu'un ordre de Dumouriez m'envoyait commander une Division près de Marchiennes. Je dis à d'autres, que c'était un congé de quelque jours pour m'y aller reposer. J'en pris en effet le chemin, suivi de mon imposante escorte et de tous mes équipages. Je m'y rendis ; mais je n'y restai pas, et j'allai coucher le même jour dans un village, à deux lieues au-delà, sur la route de Bouchain.

Le lendemain matin, 5 Avril, je dis aux cavaliers, dragons, chasseurs et hussards qui étaient avec moi, que leur mission était finie, parce que j'allais trouver d'autres troupes à Bouchain, et qu'ils pouvaient retourner au camp. Ils partirent; mais un lieutenant de gendarmerie, et tous les gendarmes nationaux qui m'avaient suivi, me dirent qu'ils savaient bien que je m'en allais, pour ne pas participer aux trahisons de Dumouriez, et qu'ils ne retourneraient pas auprès de lui, qu'ils me suivraient, ou qu'ils s'en iraient dans leurs départements respectifs. Ils m'ont suivi. 5 Avril.

Pour-lors, ne voulant aller ni a Bouchain, ni à Cambrai, que Dumouriez m'avait indiqué, et où je craignais de retomber en sa puissance, je quittai cette route et me dirigeai sur Arras. Là, je fis, ce jour même, à la municipalité et au conseil-général du département, la déclaration de tout ce que dessus. J'y fus reçu comme un bon citoyen, qui a bien mérité de la patrie; ce qui est consigné dans le procès-verbal de ce corps administratif.

Tout ce qui m'est arrivé depuis est consigné dans les procés-verbaux du département du Pas-de-Calais, du district de Neufchâtel et du département de la Seine inférieure, dont je suis porteur. Je me trouve arrêté par ce dernier département à Rouen, par l'effet du décret de la Convention du 3 Avril.

J'espérais que ma détention serait éphémère : elle se prolonge, sans que j'en puisse concevoir les motifs. Dans cette circonstance, j'ai cru me devoir, de rendre publique la conduite que j'ai tenue depuis que la trahison de Dumouriez m'a été connue. La voilà.

Le général de division LEVENEUR.

Rouen, le 25 Avril 1793, l'an 2eme de la République.

Je dois à mes Concitoyens, auxquels j'ai déjà fait part de ma conduite, la publicité de l'examen qui en a été fait par le Comité de Salut-Public de la Convention Nationale : c'est une satisfaction pour des Citoyens fidèles, de reconnoître qu'ils n'ont pas toujours été trompés dans leur confiance.

Le général de division LEVENEUR.

Extrait du registre des arrêtés du Comité de Salut-Public.

Du 24 Avril 1793, l'an 2eme de la République Française.

Séance du matin.

PRÉSENTS les Citoyens Guyton, Delacroix, Bréard, Delmas, Cambon, Barrere, Lindet et Treillard, qui ont signé.

Sur la lecture du Mémoire du Citoyen LEVENEUR, Général de Division de l'armée des Ardennes, renvoyé le 4 Avril, par la Convention Nationale, à son Comité de Défense général ; du mémoire de ce Général, renvoyé par la Convention Nationale à son Comité de Salut-Public ; par lesquels le Général LEVENEUR rend compte de sa conduite, demande une retraite honorable et reclame sa liberté : vu qu'il n'a été arrêté qu'en exécution d'un Décret de la Convention Nationale, qui ordonnait l'arrestation de tous les Officiers suspects de complicité avec Dumouriez, et que ce décret ne peut concerner un Général qui s'est constamment refusé à toutes les propositions qui lui ont été faites, et qui a été exposé aux plus grands dangers pour demeurer fidèle à la République :

Le Comité a arrêté que le Citoyen LEVENEUR, Général de Division de l'armée des Ardennes, qui est présentement en état d'arrestation dans la ville de Rouen, sera mis sur le champ en liberté, et qu'il se rendra aussi-tôt à Paris, pour rendre compte de sa conduite, de l'état et des mouvements de l'armée des Ardennes, au Conseil exécutif provisoire, qui en fera son rapport au Comité de Salut-Public.

Signés, I. B. GUYTON, *Président*,
B. BARRERE, *Secrétaire.*

Pour copie conforme à l'original. Signé, NIEL, *Secrétaire Général du Département de la Seine-Inférieure.*

L'original du présent, à nous adressé le vingt-quatre de ce mois par le Président du Comité de Salut-Public, consigné, après lecture publique au Conseil-général de Département de la Seine-Inférieure, le 25 Avril 1793, l'an 2eme de la République Française.

Signés, FONTENAY, *Président*;
NIEL, *Secrétaire général.*

A Rouen, de l'Imprimerie de Ve L. DUMESNIL et MONTIER, rue Neuve Saint-Lo, N° 6, 1793.

www.ingramcontent.com/pod-product-compliance
Ingram Content Group UK Ltd.
Pitfield, Milton Keynes, MK11 3LW, UK
UKHW012131240726
13965UKWH00005B/2118